Lb 34
   546

HISTOIRE
AV VRAY DV MEVRTRE ET

assassinat proditoirement commis au cabinet d'vn Roy perfide & barbare, en la personne de Monsieur le Duc de Guise, Protecteur & Deffenseur de l'Eglise Catholique & du Royaume de France: Ensemble du massacre aussi perpetré en la personne du Cardinal, son frere, sacré & dedié à Dieu:

Où sont balancez les seruices de ses Predecesseurs & les siens, auec vne tant inhumaine cruauté & ingrate remuneration.

Pour estre le tout veu & diligemmēt consideré par gents de bien.

M.D. LXXXIX.

HISTOIRE

VRAY DV LEVRTRET

d'vn assassinat prodigieusement commis au
chasteau d'vn Roy paisible & bebare,
en la personne de Monsieur le Duc de
Guise, Protecteur & Deffenseur de
l'Eglise Catholique, & du Royaume de
France: Ensemble du massacre qui
s'ensuivit en la personne du Cardinal
de Guise, sacré & dedié à Dieu:

Le tout balancé en fueillet, à les
Predecesseurs & les sieurs, avec
vne tant inhumaine cruauté
& ingrate remuneration.

Pour estre le tout veu & diligemment
leu et par gens de bien.

M. D. LXXIX.

HISTOIRE AV VRAY

DV MEVRTRE ET ASSAS-
sinat perfidemēt & proditoiremēt
commis au Cabinet du Roy, en la
personne de Monsieur le Duc de
Guyse, Protecteur & Deffenseur
de l'Eglise Catholique, & du
Royaume de France.

LEs traicts perfides, in-
humains & detesta-
bles par lesquels cét
Illustre, Magnanime
& Inuincible Duc de
Guyse a souffert mort cruelle &
indigne de sa valeur, sont tels qu'ō
ne les peut dire sans larmoyer: Et
neantmoins cessans les pleurs &

A ij

reprenant courage, il est besoin les ouurir, pour en aller par apres aux mains, & vanger vne telle & insigne trahison, executee en vn cabinet de Roy, so disant tres-Chrestien, soubs son auctorité & par luy-mesme, non seulement en la personne dudit Seigneur Duc de Guyse, mais aussi attentee purement contre Dieu & son Eglise en celle d'vn Cardinal sacré: l'vn & l'autre fideles propagateurs & deffenseurs de la Religion Chrestienne.

Nul est ignorant que ledit Seigneur a fait infinis seruices par cy deuant à nos Roys de France, tant pour l'extirpatiō des heresies, que pour maintenir leur Couronne & soulager le pauure peuple, comme auparauant luy, d'ancienneté, les Princes, ses tres-Illustres Predecesseurs luy en ont louablement mostré le chemin: En quoy tant s'en faut qu'il ait aucunement degeneré, qu'il semble en celà les auoir quasi surpassé en tout.

Et afin de venir iusques à l'heure qu'il a ainsi esté cruellement massacré dans le cabinet d'vn Roy perfide, Ie diray succintement en remuneration de quels biens-faits & fideles seruices, il a receu vne rescompense tant prodigieuse & detestable.

Laissant à parler des Roys & Princes, ses heroïques Predecesseurs, qui ont rendu tant grands deuoirs à l'Eglise Catholique, ie noteray seulement que pendant le regne du Roy François, premier, Messieurs de Lorraine & de Guise

A iij

luy ont fait paroistre de quel zele ils ont embrassé fidelement sa querelle, allencontre de ennemis de son Royaume.

Claude de Lorraine, Comte de Guise & d'Aumale (lequel en l'an 1513. auoit espousé, à Paris, Antoinette de Bourbó, sœur de Charles, Comte de Vandosme) estoit à la bataille de Marignan, que le Roy François gaigna allencontre des Suisses, au commencement de son regne, qui fut en l'an 18.

En l'an 22. ensuiuant, ledit Seigneur de Guise assembla des forces auec le Comte de sainct Paul, à Peronne, & furent assaillir Bapaume; prindrent la ville & le Chasteau : & passans outre, s'acheminans au passage de l'Escluse, pour entrer au pays d'Astreuant, entre les riuieres de l'Escau & de

Carpes, y trouuerent les ennemis assemblez pour garder le pas, lesquels ils forcerent; & les mettans à vau de routte les chasserent iusquesdedás les portes de Doüay. En ce combat, François monsieur de Lorraine, frere desdits Seigneurs de Lorraine & de Guise, n'ayant attaint seulement que l'aage de 16. à 17. ans porta ses premieres armes, & y feit assez paroistre la force & magnanimité de son inuincible courage.

L'année d'apres, qui fut 23. ledit Seigneur de Guise, Lieutenant du Roy en Bourgongne, Ainsi que les Comtes Guillaume de Fustemberg & Felix (conduits par la Motte des Noyers, pour le Duc de Bourbon, deslors retiré de France) eussent prins par cóposition Coiffi

& Monteclaire, sur le Roy, Il assembla quelques troupes de gens d'armes, contraignit les Comtes susdits à se retirer: & au passage de la Meuse il deffeit vne grande partie de leur armee, leur faisant quitter le butin qu'ils emmenoyent.

Le susdit François de Lorraine fut occis à la bataille de Pauie, côduisant les Lansquenets, lesquels, à son exemple, se firent tailler en pieces, plustost que de reculer, en sorte que si les Suisses eussent autât vaillamment combatu, la victoire estoit douteuse, & le Roy n'eust esté prins prisonnier.

Peu apres la prinse du Roy à Pauie, se leua en Allemagne vne populace, laquelle maintenoit que tous biens estoyent communs, & soubs ce pretexte s'assembloient

quatorze

quatorze ou quinze mille hómes, pour venir en France, estimans y pouuoir tout subiuguer, ayans opinion que la Noblesse de France estoit morte à la bataille : & ces paysans ainsi assemblez pilloyent les maisons des Gentils-hommes par où ils passoyent, tuoyent femmes & enfans, auec cruautez inusitees. Pour à quoy obuier Monsieur de Guise & le Comte de Vaudemont, son frere, assemblans les garnisons de Bourgongne & de Champagne, s'opposerent aux incursions de ces rauageurs, les chargerent, deffirent & en taillerent en pieces huict à dix mille, au pied de la montagne de Sauerne : le reste se sauua à la fuite.

François de Lorraine, Duc de Guise, lequel fut proditoirement

B

tué au siege deuant Orleans, par Poltrot, porta ses premieres armes en l'an 1543. à vn rauitaillement de Therouane ; on l'appelloit lors Seigneur d'Aumale, fils aisné de Claude cy dessus nommé, Comte de Guise (car Guise a esté seulement erigee en Duché en l'an 50. viuant encores ledit Claude.) Pendāt ce rauitaillemēt & apres il feit plusieurs belles entreprises tant deuant Aire que Sainct Omer, & pour vn coup il amena plus de cēt hommes de cheual prisonniers dedans Therouane, estant lors Capitaine de cinquante hommes d'armes.

Il fut cause de la prinse de Liliers, place forte, pres Aire, & depuis, auec ledit seigneur de Guise, son pere, il accompagna tousiours le Roy en la guerre au Pays d'Arthois, lors que furent prins Landrecy, Bapaume, Maubeuge & autres fortes places. Il feit merueilleusement congnoistre sa valeur au siege deuant Aueines, & alors que pres de Landrecy fut prins prisonnier le Lieutenant du Comte Roquendolf.

Depuis la mort de Claude de Lorraine, Duc de Guise, François de Lorraine, son fils aisné, & ses freres, auec le Comte de Vaudemont, leur oncle, seruirent le Roy Henry, 2. & l'accompagnerent fidelement en l'expedition de Mets, & durant le voyage de Luxembourg és annees 51. & 52. En ce temps le Seigneur d'Aumale, son frere, estoit General de la caualerie legere. Au retour duquel

B ij

voyage estans venues nouuelles en France que l'Empereur faisoit amas de gens de guerre en Allemagne, doutant que ce ne fust (comme on craignoit) pour venir assieger la ville de Mets, Le Roy se confiant grandement en la prudéce & bonne códuite de Monsieur de Guise, le congnoissant adroit aux affaires de la guerre, & tresaffectionné à son seruice, le voulut choisir entre tant de Princes qu'il auoit lors à sa Cour, & l'enuoya à Mets, afin de pouruoir en toute diligence à la fortification d'icelle, & y commander: Laquelle non seulement ledit Seigneur de Guise fortifia & pourueut de toutes choses necessaires; mais d'auantage il la garda & deffendit (auec peu de perte des siens) contre toutes les forces que peut assembler le plus grand Prince de l'Europe, qui y estoit en personne; duquel il souſtint vaillamment tous les furieux assaux: & en fin il le contraignit, hôteusement, à leuer le siege; auec perte de plus de moitié de son armee, montant à enuiron soixante mille hommes.

Sur la fin de l'annee 53. apres la perte de Therouane & Hesdin, ledit sieur de Guise accompagna tousiours le Roy au pays bas de l'Empereur, lors que furent prins Mariembourg, Dinan, Yuoy, Mommedi & autres places: & auec le Sieur d'Aumale luy feit plusieurs seruices notables.

En 54. ayant le Roy, en personne, enueloppé de son armee le Chasteau de Renty; l'Empereur

B iij

n'en estant loing delibera de le secourir & degager, à quelque peril que ce fust: Et estát le plus fort il presenta le combat aux François, & avoit commencé à bien esbranler l'Aduantgarde & se promettoit la victoire, lors que Monsieur de Guise (commandant à la Bataille) rejoignit à soy les premieres forces ja fuyardes, & avec l'ayde du Comte d'Aumale, son frere (General de la Cauallerie legere, comme nous auons dit) chargea les ennemis tant furieusement, qu'il ouurit & enfonça les Pistolliers de l'Empereur, lesquels d'eux mesmes rompirent le bataillon de leurs Lansquenets; qui fut cause que leur harquebuzerie d'Espagnols fut en partie deffaite & mise à vau de routte dans vn bois. Là furent prinses & leuees des ennemis dix & sept enseignes de gens de pied, cinq Cornettes de Cauallerie & quatre pieces d'artillerie de campagne. Sans ce reuers de fortune l'Empereur se promettoit iouyr aussi bien du Roy, que le Marquis de Pescare, pour luy, auoit fait du Roy François deuant Pauie.

En l'an 56. estant ledit Sieur Duc de Guise Lieutenant general, pour le Roy, de l'armee qu'il enuoyoit en Italie (afin d'aller secourir le Pape Paul, quatriesme, assailly des forces que l'Empereur y auoit enuoyees, conduites par le Duc d'Albe) accompagné de Messieurs d'Aumale & Marquis d'Elbeuf, ses freres, durant la force de l'hyuer, au mois de Decembre,

Il passa auec grands labeurs & trauaux les montagnes de Sauoye & les Alpes, & feit tant grande diligence, qu'en peu de iours ayant passé tout le Piémont, il se trouua bien auant en Lōbardie, où il emporta d'assaut la ville de Valence, sur le Thesin, & intimida tellemēt le Duc d'Albe, estant deuant Rome, qu'il luy donna occasion de leuer son siege, & se retirer au Royaume de Naples: de sorte que le Sieur Pierre de Strossi, Mareschal de France, qui estoit party des premiers, & qui s'estoit enfermé dedans Rome, pour soustenir le siege, & deffendre la personne du Pape & la ville, auant que Monsieur de Guise fust arriué, peut commencer à reprendre la pluspart des forts que les Imperiaux
auoyent

auoyent basti & remparé allentour de Rome & du Tybre. Le Pape par ce moyen fut remis en liberté, & ceste tref-anciéne ville, auec toute la Prouince circonuoisine r'asseureé & ostee de la captiuité en laquelle les ennemis se promettoyent la rendre en bref.

Ce pendãt q̃ ledit Sieur de Guise estoit empesché par le commãdement & pour le seruice du Roy en Italie, afin de sauuer le Pape des mains des Imperiaux, ses ennemis. Le Roy Philippe auoit secretemét dressé des forces suffisantes pour executer vne haute entreprinse & esprouuer sa premiere fortune, par auant que le Roy, ne s'en donnát de garde eust peu mettre ordre à ses affaires. Et de fait au mois d'Auril de l'an 57. il pense faire sur-

C

prendre la nouuelle ville de Rocroy, estimant que par les frontieres de Champagne, qu'il congnoissoit estre foibles, il pourroit plus aisément entrer en France & estonner grandemét le Royaume. Celà feit rompre les tresues. Les ennemis fót semblant d'aller à Rocroy, viennent vers Guise, là font monstre d'vne armee de plus de cinquante mille hommes, attendans encores huict à dix mille Anglois qui descendoyét en la Comté d'Oye, lesquels les vindrent par apres trouuer deuát sainct Quentin, qu'ils assiegerent. Durant ce temps le Roy fait amas du plus de forces qu'il peut, en si peu de iours: Il enuoye l'Admiral dedans sainct Quentin, & luy r'enuoye encores par apres le Sieur d'Andelot, son frere, conduisant deux mille harquebuziers, qui furent en chemin deffaits par les ennemis. Monsieur le Connestable y va auec les forces du Roy pour faire leuer ce siege, Il perd la bataille dite de sainct Laurés, en laquelle est occis Monsieur d'Anguien, Prince du sang, & plusieurs gräds personnages; Monsieur le Connestable prisonnier & autres infinis, & quasi toute l'artillerie perdue. La ville de sainct Quentin est prinse le 27. Aoust, estant le Roy Philippe arriué en son camp peu auparauant: L'Admiral aussi est prisonnier. Le Chastellet est prins, & Ham par apres le 12. de Septembre. Les Parisiens se trouuent fort estonnez, & neantmoins prenans courage ils feirent present au Roy

C ij

de trois cens mille liures, pour luy ayder à remettre sus nouuelles forces. Le Baron de Polleuille, pour le Roy Philippe, assailloit d'autre costé le pays de Bresse: Somme toute la France estoit fort esbranlee.

En ce mesme temps la paix se commence à traicter entre le Pape (s'estant l'Empereur desmis parauant de ses Estats) A cause dequoy & du grād besoing que l'on auoit en France de Monsieur de Guise, le Roy le manda reuenir en la plus grande diligence qu'il pourroit: Ce qu'il feit, renuoyant vne partie de son armee sous la conduite de Monsieur d'Aumale par les terres du Pape deuers Boulōgne & à Ferrare, & de là par les Grisons & par les Suisses. Ceste partie d'armee deliura la ville de Bourg assiegee, & tout le pays de Bresse, faisant desloger le Baron de Polleuille, lequel reprint soudainement le chemin de la Franche-Comté, dont il estoit venu. Monsieur de Guise s'estoit embarqué à Hostie, dedans les galeres de Fráce, auec vne partie de ses Capitaines & quinze cés ou deux mille harquebuziers, & vint ce pendant le plus subitement qu'il peut trouuer le Roy à sainct Germain en Laye, lequel le feit Lieutenant general en tout son Royaume, & l'enuoya à Compiegne disposer & commander sur l'armee qu'il auoit commencé à remettre sus.

Monsieur de Guise se trouuant à Compiegne en l'armee du Roy, auec Messieurs ses freres les Cóte d'Aumale, & Marquis d'Elbeuf, & autres Seigneurs François, il y donna vn tel ordre qu'en la fin de Nouembre elle fut parfaitement accomplie de tout attirail & munitions, pour estre promptement employee; Iugeant sagement que de l'aller aheurter aux rempars & fortifications de Ham & sainct Quentin, pour essayer de faire effort pour les reprendre, c'eust esté adiousté seconde ruyne à la premiere, & commencer besongne au souhait (peut estre) de l'ennemy: eu esgard que se doutant de ceste deliberation, il auroit muny ces places tellement, que sans remuer les armes, il seroit spectateur seulemét de voir les François estre deffaits & combatus du froid & de la famine, estant desia l'hiuer du tout venu, & le pays circonuoisin degradé, bruslé & destruit; sans que nullement y eust ordre d'y recouurer viures, mesmes pour les cheuaux: outre ce que la pluspart de la gendarmerie de France estoit fort debiffee & harassee, tant du voyage d'Italie, que pour les fatigues de l'Esté precedent.

Celà consideré, & ayant preueu à ce qu'il auoit intétion de faire; afin d'amuser l'énemy ailleurs, & par vne feinte, fut baillee partie de ceste armee à Monsieur de Neuers, pour mener en Champagne, faisant courir le bruict que c'estoit pour aller prendre Luxembourg & Arlon: Et que Monsieur de Guise, auec l'autre moitié, demeuroit en Picardie pour empescher l'ennemy d'auitailler sainct Quen-

tin & Ham. Les ennemis aduertis de ce, sachans que le Duché de Luxébourg estoit degarny de gés de guerre; departirét quát & quát vn secours de gents & munitions pour y enuoyer en toute diligéce. Monsieur de Guise alors s'auance deuers Amiens, faignant vouloir auitailler Dourlan, & en toute diligence mande à Monsieur de Neuers luy r'amener ses forces; & ce pédant passe outre Dourlan, soubs vmbre d'aller pareillement munir & rauitailler Ardres & Boulógne: retenant en ceste sorte l'ennemy en doute de ce qu'il vouloit attenter tout à vn coup. Apres qu'à grádes iournees les trouppes de Monsieur de Neuers furent arriuees & reioinctes à Monsieur de Guise, ce Prince ayant tout son appareil
prest,

prest, suiuant sa tres-grande promptitude, le premier iour de Ianuier il se presenta deuant le fort de Nieullay, rompt vne Pallissade que les Anglois auoyent basti à vn lieu dit saincte Agathe, & les contraint se retirer dans le fort de Nieullay. Des l'heure, ja tard, Mōsieur de Guise recongnoit ce fort, feit commencer les approches, faire les tranchees, amener l'artillerie & la loger, pour dés que le iour poindroit cōmencer à le batre. Et par ce que tout le fruict de l'effect requeroit vne tres-grande promptitude, afin de rendre les assiegez entierement estonnez, & sans loisir de s'asseurer & recongnoistre, & hors despoir de pouuoir estre secourus: de mesme train ce Prince auoit fait marcher vne partie de

D

son armee & artillerie à main gauche, le long des Dunes, pour les occuper & gaigner vn autre fort appellé Risban, lequel commande & tient subiect tout le port, & empesche qu'il n'y peut aborder aucun vaisseau ennemy. L'artillerie est preste & braquee en tous ces deux endroits, contre lesdits forts, laquelle commença à tonner & foudroyer d'vne part & d'autre: ce qui estonna si bien les assiegez que ceux du pont de Nieullay quitterent incótinent la place, & à grãd haste se retirerent dans Calais. Vne heure ou deux apres la prinse du fort de Nieullay, ceux qui estoyẽt dãs celuy de Risban se rendirent aussi: Parquoy ce Prince tenant & poursuiuant de pres l'heureuse occasion de la conqueste de

Calais, le quatriesme de Ianuier il la fait canonner & se saisit du cay d'icelle, prend le Chasteau, & finablement ceux de Calais venans à composition ne pouuans plus tenir, la luy rendent le huictiesme iour de Ianuier 1557. (qui seroit 58. selon que nous comptons maintenant.) En ceste sorte en moins de six ou sept iours, ce Prince reconquesta toute la forteresse de la ville de Calais, & en autres peu de iours le fort de Hames, la ville de Guines, vne autre place merueilleusement forte, nommée la Cuue de Guines, & generalemét tout ce qui depend de la Comté d'Oye, chassant par ce moyen les Anglois hors de France, lesquels pendant le regne d'Edoart, 3. auoyent conquesté Calais sur Philippe

D ij

de Valois (apres que les François eurent perdu la bataille de Crecy, en laquelle mourut quasi toute la noblesse de France) ayant esté assiegee par l'espace d'vn an entier, sans que les François, estans dedans, eussent eu aucun secours d'hommes, ny de viures, qui fut cause que mourans de faim, & reduits à telle necessité qu'ils mangerent iusques aux rats, ils la rendirent aux Anglois le 3. d'Aoust, en l'an 1347. qui en auroyent ioy le terme de deux cens dix ans: tellement que ayant esté prinse par les Anglois sur vn Roy de France nommé Philippe, Monsieur de Guise, pour vn Roy de France, l'auroit reprinse sur vn Roy d'Angleterre aussi nommé Philippe. Ceste Conqueste faite en si peu de temps, & d'vne chose qu'on estimoit comme impossible, & que pour icelle le Roy eust voulu auoir donné dix millions d'or, est nombrée entre les miracles & cas esmerueillables de ce siecle: aussi elle feit bien rabattre l'orgueil des ennemis à cause de la faueur que la fortune leur auoit prestée au païs de Sainterre, en l'Esté precedent. Depuis le Roy continuant tousiours la guerre contre le Roy Philippe, Monsieur de Guise Lieutenant general pour sa Majesté, se trouue à Mets sur la fin du mois de May, 8. auec vne assez bonne armée, va mettre le siege deuant Thionuille au frontieres de Mets, place de tref-grande importance, qu'on estimoit aussi imprenable: la feit furieusement canonner, &

D iij

la reduisit à telle extremité que les assiegez au mois de Iuin ensuiuant furent contraints la mettre entre ses mains, auecques le Chasteau.

Et ce Prince poursuiuant sa victoire prend Arlon qu'il fait desmanteler, & ruyne tout le pays de Luxembourg, retire son armee en Picardie, à cause de la perte de la bataille de Grauelines par Monsieur de Termes, empesche que l'ennemy entreprenne sur les frontieres & fait tousiours de grands seruices iusques à ce que la paix fut conclue à Chasteau en Cambresis.

Apres la mort du Roy Henry, 2. luy ayant succedé François, second, son fils aisné, plusieurs motifs d'vne longue guerre ciuille se preparerent en France, d'autant que, outre le naturel belliqueux de la nation Françoise ce Royaume estoit plein d'hommas nourris & accoustumez aux guerres estrágeres, nouuellement pacifiees; lesquels au moyen de la paix demeuroyent sans parti, & plusieurs grands Seigneurs & Capitaines se mal-contentoyent, par ce que la mort subite & inesperee du Roy Henry, leur auoit osté l'esperance d'estre recompensez de leurs seruices, mesprisans le bas aage de leur nouueau maistre : & qui pis est, ceux de la Religion nouuelle (depuis nómez Protestans ou Huguenots) se sentans forts d'hommes, en tres-grand nombre, & de tous estats, desiroyent secoüer le ioug des punitions & supplices soubs lequel les Roys precedens les auoyent tenus, & se vouloyët mettre en pleine liberté. A ces causes le peuple faisant profession de Religion nouuelle recouura bien aisément des chefs, fort signalez, qui eurent gents, & moyens assez pour au dommage public poursuiure leur intention: Pour aquoy paruenir ils conspirent l'entreprinse qu'ils ne peurent executer à Amboise, au mois de Mars, 1560. Le Roy, au mesme temps & apres ce tumulte, declare encores François de Lorraine, Duc de Guise, son oncle (grand Maistre & Chábellan de France) Lieutenant general pour sa Maiesté en tout son Royaume, tant pour cause de l'experience notoire qu'auoit ce Prince, au maniment des affaires de paix & de guerre, ioincte auecques sa fidelité; que par la recommandation

mandation qu'il en auoit euë du feu Roy, son pere. Le Prince de Condé est soupçonné du tumulte passé, Il est fait prisonnier. Le Roy François, 2. estant mort, pendant les Estats commencez à Orleans, le Prince est tiré hors de prison, & au commencement du regne du Roy Charles, 9. il est declaré innocent des cas à luy imposez: Et neantmoins il tasche en apres par tous moyens de supplanter la Religion Catholique, Il demande le Colloque de Poissi, où il fait venir plusieurs ministres de la nouuelle opinion. Messieurs de Sorbonne, Messieurs les Cardinaux de Tournon, de Lorraine & de Guise, & autres Ecclesiastiques s'y opposent: Rien n'y est arresté, ains le tout remis à vn Concile ge-

E

neral; qui fut cause que les Huguenots se saisirent des Temples & preschèrent par les villes. La Royne mere du Roy voulut faire dresser vn Edit prouisionnel pour le reiglement des Protestans, leur promettant de faire exercice de leur Religion & prescher hors les villes; ce qui despleust merueilleusement aux principaux Catholiques, qui disoyent qu'on vouloit par ce moyé paruenir à vn Interim, & abolir en fin la Religion Catholique. Que ce n'estoit le moyen d'assopir les troubles, lesquels ne procedoient que de la facilité de ceux qui auoyent donné entree si aisee aux Heretiques, pour y planter leurs faulses opinions, & de la paresseuse cōniuence des Magistrats

& officiers de Iustice, qui ne se-
stoyent monstrez assez roides à
rondement executer les Edicts si
sainctement & solemnellement
faicts contre les Lutheriens. Adioustant que si les moyens d'extir-
per les heresies tenus par les predecesseurs Roys, eussent esté suiuis,
que l'on ne fust tombé en ces fau-
tes : & que le seul moyen estoit de
les reprendre, chasser tous ministres, & ne permettre plus d'assem-
blees : par ce moyen qu'il seroit
facile de garder l'ancienne Religion en son entier. Ce que la Royne toutesfois ne trouua bon : Sur-
quoy les principaux, entre autres
Messieurs de Guise, luy dirēt qu'ils
aymoient donc mieux eux en aller
de la Cour ; ce qu'ils firent. Pendant leur absence les Huguenots

E ij

fôt faire presches aux faux-bourgs de Paris, & vn iour des festes de Noel saccagét l'Eglise sainct Medard, & peu apres leur est accordé l'Edit de Ianuier, tant preiudiciable à l'Eglise Catholique, & cause de tous les maux qui sont suruenus depuis. Le Prince de Condé, estant à Paris, se ligue auec ceux de la nouuelle opinion, s'accompagnant de plus grande suitte de Gentis-hômes que de coustume: Messieurs de Guise n'ont donc point esté cause des troubles accreuz & tant enracinez pour le faict de la Religion, qu'il est quasi impossible de les desraciner.

Ceste immoderée licence que les Huguenots s'accreurent à Paris causa que les habitās Catholiques d'icelle en firent grandes plaintes à la Royne mere du Roy & au Roy de Nauarre, parquoy incontinẽt ils appellerent en Cour Messieurs de Guise & mõsieur le Connestable, afin qu'ils les aidassent de leur conseil à pacifier, ou de leur vaillance en necessité de guere. Les Huguenots nomment triumuirat l'association que feit le Roy de Nauarre auec Messieurs le Connestable & de Guise, pour la deffense de la Religion Catholique & de l'Estat du Roy. Monsieur de Guise ne vint si tost en Cour que le Connestable, & n'y voulut venir, par ce qu'il vouloit laisser decliner la ialousie de q̃lques grãds, lesquels publioyent que sa presence occasionnoit les troubles : mais ayant exprez commandement du Roy, & de la Royne Mere, auec

E iij

lettres amiables du Roy de Nauarre & du Connestabe, ioinct la necessité de secourir la cause de Dieu, le Roy & la Patrie, il s'achemina en Cour auec moyenne suitte. Et le premier iour de Mars 1561. (ou 62. selon que nous contons maintenant) passant par Vassi, place de son gouuernement, les Huguenots amassez en vne granche pour faire leur presche, s'enhardirent d'iniurier sa suitte, voire luy-mesme; dont s'ensuiuit vne meslee, où quelques Huguenots furent tuez, blessez, & les autres mis en fuite. De là les Protestans prennent le faict de Vassi pour vn pretexte de leuer les armes, demandent Iustice au Roy, & menacent le Duc de Guise, non tant pour ceste cause, que par ce qu'ils le sçauoiét totallemét bon Catholique & cótraire à leur opinió nouuelle. Ce pretexte n'estoit suffisāt afin d'entreprédre & se licécier à voller les tresors des Eglises, les abatre et du tout ruiner, se saisir des meilleures villes de Fráce & y ītroduire les estrágers: mais par là on congnoist assez qu'ils en vouloiét à la Religion et au Roy et au Pays.

Monsieur de Guise approchant de la Cour & estant arriué à Nantueil, Monsieur le Connestable l'alla visiter en ce lieu, & estant accompagné de Messieurs d'Aumale, Mareschal de sainct André & de Randan, l'amena à Paris, où il estoit attendu en grande deuotion par les Catholiques, & y fut receu fort agreablemét par le Preuost des marchans, qui luy alla au deuant. Le Prince de Condé estoit aussi pour lors à Paris, & ceste mesme apresdinee le presche se faisoit sur les fossez de la porte sainct Iacques, où le Prince de Condé fut, accompagné de quatre ou cinq cens cheuaux, de sorte que presque en vn mesme temps que Monsieur de Guise entroit en la ville par la porte sainct Denis, le Prince qui auoit son logis en la rue de Grenelle passoit à l'opposite vers la mesme porte sainct Denis, tous deux bien accompagnez, & falloit que ces deux trains se recontrassent en partie. Ce qui faisoit douter à plusieurs qu'il y auroit mauuaise rencontre, par ce que ce iour mesme les ministres auoyent esté receuz & presté le serment en Chastelet, suiuant l'Edit l'Edict de Ianuier; mais ils passerent outre s'entresaluans. Le Roy estoit pour lors à Fontainebleau où la Royne, sa mere, l'auoit mené, craignant que le Prince de Condé, l'Admiral & autres leurs complices ne se saisissent de sa Majesté, comme leur deliberation en estoit. Le Roy de Nauarre vient à Paris afin de conclure des affaires auec les Chefs Catholiques; lesquels, ayás recours à Dieu, font faire procession generale à saincte Geneuiefue. Le Prince de Condé voyant que grand nombre de géts de guerre Catholiques affluoyent à Paris, que les armes qu'on auoit fait oster à la populace leur auoyent esté rendues, que le peuple murmuroit contre luy, & qu'il estoit là le plus foible, partit de Pa-

F

ris, & bien accompagné s'en alla à Meaux, où bien tost arriuerent l'Admiral & d'Andelot, aussi fort accompagnez, bien marris de n'auoir peu ioindre le Prince dedans Paris, où ils faisoyent estat de l'arrester & en chasser Monsieur de Guise: lequel plus auisé à garder ses aduantages, ne sceust plustost le Prince estre sorty, qu'il ne feit mettre bonnes gardes aux portes. Et pour se mieux asseurer du dedans, feit leuer nombre de compagnies par la ville, sans toutesfois empescher (ce qu'il feit sagement afin de ne causer vn tumulte en la ville) l'exercice des Huguenots, suiuãt l'Edit. Ces ennemis protestans ainsi assemblez à Meaux, les Seigneurs Catholiques, craignans qu'ils ne s'emparassent de la personne du Roy, de ses freres & de la mere, les allerent querir en diligence à Fontainebleau, & les amenerent à Melun, pour les tenir en seureté dans le Chasteau. Tandis le Prince escriuit de tous costez aux Protestans qu'ils eussent à se saisir des villes & passages le plus que faire se pourroit: ce qu'ils font par tout le Royaume, voire des meilleures villes: prennent plusieurs grands personnages, dont ils en font mourir aucuns, pillent les Eglises, rompent les images, & saisissent les finances du Roy.

D'auantage, se lians auec les protestans d'Allemagne, y font de grādes leuees de gents de guerre, & en assemblerent autres de tous endroits. Les Princes & Seigneurs Catholiques, d'autre part,

F ij

ne voulans souffrir en France aucune diuersité de Religion, font aussi leuees & amas de forces du Royaume, & demandent secours de gens & d'argent au Pape & au Roy d'Espagne: Et ayans dressé vne armee vers Orleans, où estoit le Prince, & voulans commencer à assaillir les villes tenues par les Huguenots, aduiserét estre meilleur d'aller premierement assieger Rouan, & le Haure de grace, affin d'empescher la descente des Anglois, auec lesquels le Prince negocioit; & deslors, y fut enuoyé le Duc d'Aumale, auec puissance d'assembler le plus de forces qu'il pourroit, qui d'abordee feit saisir le Pont de l'Arche, afin d'empescher les viures qui pouuoyent descendre de là à Rouan: puis ayant assiegé la ville, & commencé à battre le fort de saincte Catherine (qui descouure à plomb, & commande à icelle) il fut en fin contraint leuer le camp pour la resistance de Moruilliers qui y fut enuoyé par le Prince, & lequel entra dedans la ville: & aussi à cause qu'il fut aduerti de la confederation des reformez Normans auec les Anglois qu'ils deliberoyét receuoir à Rouen, Dieppe, Haure de grace & autres endroits, Il s'alla saisir du Pôteau de mer, de Hôfleur & d'autres places voisines. Depuis le Comte de Mongómery entre dans Rouen: à cause dequoy le Roy de Nauarre le va de rechef assieger, là où il est blessé d'vn coup de mousquet, dont il mourut peu apres. Il est besoin que

F iij

Monsieur de Guise y aille, lequel, non sans grands labeurs a, pres l'auoir fait furieusement battre & assaillir, & hazardé plusieurs fois sa personne, iusques à aller luy-mesme à l'escalade lors qu'il se saisit du dessus de la porte sainct Hilaire, le le Roy y estant aussi en personne, Il print la ville d'assault, & la remit en l'obeissance de sa Majesté, le 25. iour d'Octobre 1562.

Peu parauant que Rouan fust prinse, d'Andelot qui estoit en Allemagne auec les forces qu'il y auoit leuees, leur donna le rendez vous à Bacara, bourg & Chasteau de l'Euesché de Mets, où se trouuerent la pluspart de ses trouppes au premier iour d'Octobre, & deliberoit d'aller secourir Rouan: ce qu'il eust peu faire si deux occasions principales ne l'en eussent empesché : L'vne qu'aucuns Reistres-Maistres s'amuserent sur les frontieres de Lorraine à prendre les cheuaux des paysans, pour accommoder leurs chariots ; & l'autre que Mósieur de Neuers, Gouuerneur de Champagne, & Brie, (auec 15. Cornettes de Hargoulets, & 25. enseignes de gens de pied) d'vn costé : Et le Mareschal de S. André, qui estoit à Troyes, d'autre (auec aussi 9. compagnies de Gens-d'armes, 13. de cauallerie legere, & les Legionnaires de Picardie) luy empeschoyit les passages.

Ce qui fait que d'Andelot en estant aduerti & resolu de passer outre, prenant le chemin de Bourgongne, passa aisément la Seine ;

puis Yonne, à Creuen, & de là venant à Montargis, il se rendit à Orleans, vers le Prince, le sixiesme de Nouembre, ayant par le chemin amassé grád nombre d'alliez, qu'il ioignoit auec ces trouppes estrangeres: Et peu apres ayans donné ordre aux viures & autres necessitez pour faire marcher leur Camp, ils s'acheminent vers Paris: prennent Estampes, & viennent loger à Mont-rouge, Vaugirard, Gentilly, Harcueil, Cachã & autres lieux prochains, & par deux fois presentét la Bataille aux Catholiques. La Royne mere parlant au Prince en vn molin à vent, pres le faux-bourg sainct Marceau, luy ouurit tous moyens de paix qu'il fut possible, neantmoins rien ne fust accordé. Le
Prince

Prince tasche par deux fois, mais en vain, de forcer les tranchees des faulx-bourgs de sainct Iacques & sainct Marceau (lesquelles Monsieur de Guise auoit donné conseil de faire faire, qui estoit aussi dans Paris) Et sachant que quatre mille Espagnols auoyent esté amenez par les sieurs de Maugiron & Tauanes, conduits par les vieilles bandes de Piémont, soubs leur Colonel le ieune Comte de Brissac (qui fut depuis tué deuant Mussidan) faisans en tout 24. enseignes de gents de pied, bien cõplettes, logez aux faulx-bourgs sainct Iacques & sainct Marcel, & lesquels dés le l'endemain le deuoyent aller attaquer, ce qu'ils feirent sur la Diane, du costé de Gentilly, quartier du Prince Por-

G

tien: Voyant aussi ses desseins de gaigner les trenchees aller tout au rebours, & qu'il y auoit à craindre que les Catholiques ne tournassent leurs temporisemens en quelques furieuses attaques, veu que toutes leurs forces estoyent arriuees; Partit le 10. de Decembre, & se retira à Palezeau, tirant vers Chartres. Ce pendant l'armee Catholique sortit de Paris & costoyant tousiours le Prince (afin qu'il ne se peust ioindre aux forces Angloises qui estoyent descédues pour luy en Normandie) estoit barriere entre luy & les Anglois; & estant approchee du costé de Dreux iusques à deux petites lieuës du Prince, au delà de la riuiere d'Eure, l'occasion de la bataille se presenta: parquoy d'vne part & d'autre se preparans à icelle, le 19. de Decembre, Monsieur le Connestable Chef de l'armee Catholique, cõduisant la Bataille, s'auãçant le premier & mal à propos, est deffait & prins prisonnier. Et Monsieur de Guise cõsiderãt qu'apres tels efforts les Huguenots ne pouuoient auoir armes, ny la disposition pour eux ny leurs cheuaux à soustenir le choc de tant de gens frais & pourueuz de tout le besoin ; ioinct qu'il sçauoit que leur bataillon de fantassins François, estoit mal armé & despourueu de Cauallerie pour les soustenir, laquelle s'employoit à se rallier, Resolut de mourir premier qu'il n'enfonçast l'ennemy, luy ostant l'esperance de la victoire laquelle ja il se promettoit: Pour ce, tirant deux cheuaux de ses trouppes, faisant marcher vn bon nóbre de harquebusiers à sa droite, & le bataillon des Espagnols apres, chargea de toutes pars ce bataillon de fantassins du Prince, lesquels il deffeit & mit en route auec la Cauallerie qui le soustenoit: Et au mesme temps le Mareschal de sainct André códuisant l'Auangarde, qui ne s'estoit encores bougé, & s'estoit tenu ferme enuiron vne heure & demie, chargeát aussi l'ennemy, tomba prisonnier entre les mains d'vn Gétilhóme lequel l'auoit mis en crouppe esperoit en tirer grosse rançó: mais Baubigni le cógnoissant luy donna d'vne pistolade en la teste. Le Prince peu apres est prins prisonnier par le sieur d'Anuille: Et

Monsieur de Guise pourſuiuant touſiours de plus en plus la victoire, eſtant reſté ſeul chef de l'armee, chargea de rechef l'Admiral, le Prince Portian & la Rochefoucaut, leſquels auoyent r'allié leur Cauallerie eſparſe par la cápagne & enuiron mille Reiſtres, & le venoyent encores attacquer; & adonc la rencontre y fut bien furieuſe, & mortelle à grand nombre de galands hommes; d'autant que le Duc de Guiſe pour mieux rompre ou allentir ceſte furieuſe deſmarche que l'Admiral faiſoit ſur luy, ſuiuant ſa premiere poincte, pres vn moulin à vent, contre le village de Maumontel, feit venir en diligence les autres ſoldats François, conduits par le Comte de Briſſac, Martigues & autres,

G iij

qu'on n'auoit encores apperceu, pour ce qu'on les auoit fait mettre en bataille derriere la Cauallerie: lesquels tirans incessamment contre l'Admiral, endommagerent plusieurs cheuaux & grand nombre de ses gents; Et neantmoins ils ne peurent empescher que la Cauallerie de Catholiques ne fust chargee par l Admiral auec 200. cheuaux & 600. Reistres : mais elle soustint vaillamment ceste furieuse charge, & en fin contraignit l'Admiral à se retirer en haste, lequel les Catholiques ne peurent longuement suiure à cause de la nuict, & leur demeura le chāp par la vertueuse conduite du Duc de Guise.

Ceux qui veulent mal à la reputation de cét heroïque Prince

mettent en auant qu'il ne peut excuser d'auoir fait alte, & temporisé auec les forces qu'il commandoit, ce pendant qu'on enfonçoit Monsieur le Connestable, Chef de l'armee, auecques l'artillerie; & qu'il valoit mieux se hazarder, prenant l'ennemy par le flanc, qu'attendāt l'aduantage de le voir en queuë souffrir vne si lourde perte : Mais, outre ce que l'issuë en tesmoigna, celuy qui en debattra sans passion, confessera que le but & la visee, non seulemenr d'vn Capitaine, mais de chasque soldat, doit regarder seulement la victoire en gros, & que nulles occurrences particulieres, quelque interest qu'il y ait, ne le doiuent diuertir de ce poinct là : Que si Monsieur de Guise eust fait ce qu'ils veulent dire, il eust hazardé trop le reste, en danger de perdre le tout.

Ie diray bien encores icy en passant, que l'enuie de la maison du Connestable, contre Monsieur de Guise a esté par ce que son merite au fait des armes l'a fait plusieurs fois estre Lieutenant general du Roy, & lors que le Connestable auoit tout gasté ; lequel a quasi tousiours esté malheureux en ses entreprinses, ne s'estant trouué en bataille qu'il n'y ait eu du pire, comme à Renty, à celles de sainct Laurens, Dreux, sainct Denis & autres : Et au contraire Monsieur de Guise a tousiours fait paroistre l'heur qui accompagnoit ses proesses.

Les nouuelles de ceste bataille furent tost portees par les fuyards

tant à Paris qu'à Orleans, rapportans les
vns & les autres que tout estoit perdu de
leur costé : mais peu apres Monsieur de
Losses arriuant à Paris, asseura de la prinse du Prince de Condé, & comme le Duc
de Guise auoit tout radoubé : lequel ayant
enuoyé au Roy & à la Royne pour sçauoir ce qu'il plaisoit à leurs Majestez qu'il
feit de l'armee, Il y fut ordonné, auec l'ad-
uis de la Cour de Parlement, pour y commander, iusques au retour du Connestable, qui auoit esté mené prisonnier dans
Orleans. L'Admiral ayant retiré le reste
de son armee au pays de Berry, il y prend
quelques places. Le Roy fait dresser 17.
nouuelles compagnies de Gens-d'armes,
& les vacantes furent pourueues d'autres
Capitaines : Et pendant que l'Admiral
faisoit ses exploits du costé de Soulogne,
le Duc de Guise estant en la Beausse, re-
prend Estampes & Pluuiers.

Le Roy & la Royne mere partent de
Paris, vont à Chartres, puis à Blois, & de
là au Chasteau d'Onzain, prés Amboise,
où ils menent le Prince de Condé prisonnier. Les deux armees s'approchent d'Orleans, l'vne pour l'assaillir, l'autre pour la
deffendre, arriuant le Duc de Guise du

costé de Solongne iusques à quatre lieuës pres de la ville: l'Admiral d'autre part s'estant rendu à Orleans, auec toute son Infanterie & Caualleric Françoise, apres auoir logé ses Reistres à Gergeau. De là l'Admiral laissant d'Andelot, son frere, pour deffendre la ville, partit auec les Reistres, afin d'aller receuoir les Anglois à leur descente en Normandie; tant pour luy ayder à destourner le siege d'Orleans, si faire se pouuoit: que pour receuoir l'argent d'Angleterre & le deliurer au Mareschal de Hessen, General des Reistres, côme on leur auoit promis. Monsieur de Guise sachant de quelle importance estoit la ville & Chasteau de Caen, y enuoya le Marquis d'Elbeuf, son frere, pour auoir l'œil sur l'armée de l'Admiral: & ce pendant s'approchant d'auantage d'Orleans il prend lo Portereau, faulxbourg de la ville: & quelques iours apres ayant resolu d'assaillir la nuict prochaine les Isles ioignantes la ville, que d'Andelot tenoit, il arriua qu'vn nommé Iean Poltrot, sieur de Merey, à la suscitation de l'Admiral & des Ministres de la Religion nouuelle, ainsi que Monsieur de Guise sur le soir du 18. iour de Feurier 1563. (ou 64. comme nous contons maintenant) retournoit à son logis fort peu accōpagné, Le suiuit de si pres qu'il luy tira, traistreusement, de six à sept pas sa pistole chargee de trois balles pensant le frapper à l'espaule, au defaut du harnois, comme il feit; par ce qu'il l'estimoit armé par le corps : puis donnant des esperons à vn cheual d'Espagne sur lequel il estoit monté, mit toute peine à se sauuer; mais le iuste iugemēt de Dieu l'en empescha, afin qu'vn tel meurtre ne demeurast impuny. Voilà cōment ce Prince tant magnanime & qui auoit fait tant de deuoir à l'extirpation de l'heresie, mourut pour le seruice de Dieu, & du Roy & le soulagement du Peuple, au grand & indicible regret de tous les Catholiques.

Peu parauāt que Monsieur de Guise fust blessé, & lors mesmes qu'il faisoit ses dernieres entreprises, on ne laissoit de parler de paix, laquelle peu apres sa mort fut conclue & arrestee à Amboise le 19. de Mars ensuiuant : & par icelle furent mis en liberté de part & d'autre, le Prince de Condé & le Connestable.

Ayant esté François de Lorraine, Duc de Guise, ainsi mal-heureusement tué par Poltrot, à la suscitatiō susdite, Henry, &

Charles de Lorraine, ses enfans, l'vn Duc de Guise & l'autre Marquis de Mayenne, encores ieunes, mais destinez aux armes & se voüans totalemét au seruice de Dieu & du Roy comme leurs predecesseurs en auoyent monstré les effects; se retirerent pres sa Majesté pour eux exposer à tous perils & hazards en executans ses commãdemens; ce que tousiours continuoyent aussi Messieurs leurs oncles les Duc d'Aumale & Marquis d'Elbeuf, ainsi que ledit Seigneur d'Aumale le feit bien paroistre à la bataille de sainct Denis; apres que le Prince de Condé s'estant voulu saisir de la personne du Roy, à Meaux, se seroit venu camper pres de Paris: ce qui occasionna les seconds troubles de l'an 67. Et comme plusieurs Princes & Seigneurs se meissent en deuoir de munir & deffendre les villes Catholiques & que Monsieur d'Aumale fust parti pour aller receuoir pour le Roy les forces du Duc de Saxe & du Marquis de Bade; Henry de Lorraine, Duc de Guise, voyant que les Huguenots mettoyent le siege deuant Sens, se diligenta d'y mener du secours de Troyes, où il estoit pour lors; ce qu'estant sceu par les ennemis & la resolution dudit Seigneur de Guise (neantmoins encores bien ieune) ils auiserent de leuer leur siege. Quelque temps apres ce genereux Duc de Guise, sachant que les Huguenots faisoyent descendre des Reistres, partit de Troyes, auec bonnes trouppes, pour gagner la Lorraine, afin d'empescher la venue desdits Reistres, ausquels il feit plusieurs algarades, comme par semblable le Duc d'Aumale son oncle. En fin s'estans passez diuers exploicts de guerre entre les Catholiques & Huguenots, la paix est accordee deuant Chartres,

Le Prince de Condé ayant encores recommencé la guerre pour le fait de la Religion, Monsieur d'Aumale, au commencement de l'an 69. receut commandement de leuer vne armee à S. Iean, pres Sauerne, afin d'empescher le passage du Duc des deux Ponts, qui descendoit en France pour les Huguenots, ausquels il feit de grands empeschemens en la Lorraine & en Bourgongne, & deffeit le regiment du Capitaine la Coche, qui alloit pour fauoriser la descente du Duc susdit & du Prince d'Orange: qui fut cause qu'ils ne peurent ioindre les forces Huguenottes premier que le Prince n'eust perdu la bataille à Iarnac, où il fut tué, Monsieur de Tauanes donna les moyens de gaigner ceste bataille, à quoy le Duc d'Aniou ne vouloit entendre, selon sa conniuence accoustumee auecques ceux de la Religion nouuelle, ou bien sa couardise.

Les troubles continuans tousiours, & s'estans ioinctes les forces d'Allemagne auec celles de l'Admiral, il delibera d'aller assieger la ville de Poitiers, ayant entendu que le Comte du Lude, estant dedans, n'auoit forces suffisantes pour long temps soustenir le siege. Desia les coureurs des Huguenots, partis de Lusignan, donnoyêt iusques aux portes, & le reste marchoit pour y planter le camp, occasion que pour le petit nombre qu'ils estoyent en si grande ville, & le peu de munitions, la pluspart doutoyent de tenir, ou de la rendre à composition: Mais la venue inopinee du Duc de Guise leur leua entierement ce doute, qui y arriua le 22. de Iuillet, deux iours deuãt que les Huguenots commençassent à dresser leurs escarmouches, auec le Marquis de Mayenne, son frere. Aussi tost que le Duc de Guise fut arriué à Poitiers, il employa le reste de la iournee à visiter les murs, & pouruoir aux fortificatiõs & deffenses de la ville. A la reueuë de l'infãterie, ne se trouua que trois mille hõmes au plus, tant bons que mauuais, & la ville bien peu garnie de viures: & neantmoins la valeur de ce magnanime prince cõduisit & encouragea tellement les assiegez par six sepmaines entieres que dura ce siege, que nonobstant la famine y estant bien grande, il soustint toute l'aigreur des forces de l'Admiral, qui en fin fut contraint & par merueille à leuer le siege, auecques grande perte des siens.

Apres le siege de Poitiers les Huguenots se retirans, font leuer le camp que le Duc d'Anjou auoit pres Chasteleraut, & s'entrecostoyãs les deux armees au bas poitou se donna la bataille de Moncontour, le 3. Octobre 69. en laquelle le Duc de Guise encores qu'il y fust blessé, feit grandemẽt paroistre la vertu & magnanimité de son inuincible courage: comme par semblable il feit peu apres au siege de sainct Iean d'Angeli, & depuis en autres endroits iusques à ce que la paix fust arrestee le 8. d'Aoust 1570. Monsieur d'Aumale estoit à ceste bataille de Moncontour.

La plus part des chefs de ceux de la Religion nouuelle ayans esté tuez à la sainct

Barthelemy, le Roy fait publier par tout son Royaume qu'il n'entendoit qu'il y eust autre exercice de Religion, que de l'ancienne Catholique & Romaine: Mais ceux de la Rochele ne voulurent receuoir garnison, ny aucun Catholique pour leur commander; ains retirerent tous les Huguenots qui s'y voulurent refugier, & à leur exemple Sanxerre, Montauban, Nismes, & plusieurs quartiers de Languedoc, Quercy, Dauphiné & autres prindrent les armes pour mesme fin. A cause dequoy le Roy fait faire plusieurs preparatifs pour r'auoir les villes qui se liguoyent en son Royaume, & apres auoir escrit plusieurs fois aux Rochelois qu'ils eussent à receuoir le Gouuerneur qu'il leur enuoyoit; ce qu'ils refusent, Il dresse armees par mer & par terre pour les assieger. Durant ce siege, Monsieur le Duc d'Aumale, ayant grandement aydé à prendre les Isles & petits forts d'allentour, le 3. de Mars, 73. (comme les assiegeans & les assiegez ne taschassent qu'à se nuire par la furie de leurs canons) fut frappé de la balle d'vne Moyenne, tirée de dessus le Cauallier du bouleuard de l'Euangile, laquelle perçant vn gabion plein de terre, & prenant ce
Prince

Prince à travers le corps, le renuersa mort par terre : Ainsi ce magnanime Duc, Gouuerneur de Bourgongne, laquelle il auoit tousiours conseruee en toute deuotion à l'obeissance du Roy, & apres auoir fait tant de deuoirs pour maintenir la foy Catholique, mourut au siege de la Rochelle; autant regretté des Catholiques, pour le lustre de ses vertus, qu'autre mort de long temps auparauant luy.

En ce temps le Roy estant en grande necessité de finances pour la soulde de ses armees qu'il auoit en cinq endroicts de son Royaume, le Cardinal de Lorraine fut moyen vers les Ecclesiastiques, qu'ils feirent don à sa Maiesté de la somme de huict cens mille liures.

Pendant le siege de la Rochelle, les Ambassadeurs Poulonois venus en France furent là y porter la Couronne de Poulongne au Duc d'Aniou; lequel apres auoir fait mourir, à credit, grand nombre de vaillans Capitaines & soldats, & perdu tant de munitions, se contenta au lieu de prendre la ville & y replanter la vraye religion Catholique (qu'il eust bien fait s'il eust voulu) de prendre des Rochelois quelques milliers d'escus; qu'il a dissipé

I

auec beaucoup d'autres, en son beau voyage de Poulongne, à la royne du pauure peuple François.

En l'an 72. le Duc d'Anjou estant Roy en Poulongne, ceux de la religion nouuelle dressent diuerses entreprises pour embarasser le Royaume; s'aidans de Monsieur le Duc, frere du Roy, qu'ils attirent comme ils peuuent. A quoy ils prennent courage de plus fort lors qu'ils entendirēt la mort de Tres-Chrestien Roy Charles, au bois de Vincennes. Messieurs de Guise font en sorte que la couronne est conser-au Duc d'Anjou, & la luy mettent entre les mains à son retour; l'assistans de tous leurs moyens & seruices, le font sacrer & couronner en l'Eglise de Reims au mois de Feburier 73. par le feu Cardinal de Guise, oncle du dernier que ce Roy a nouuellement fait massacrer à Blois. Le Cardinal de Lorraine vrayement Catholique, duquel les bons offices enuers la couronne de France ne se peuuēt oublier, mourut peu parauant (plustost empoisonné, qu'autrement) à Auignon; lors qu'il aidoit à donner entree en France au Duc d'Anjou.

Le Roy de Nauarre & le Prince de Cōdé, ayans seduit Monsieur le Duc, frere du Roy, entretiennent tousiours les troubles pour cause de la Religion : & allant le Prince mesme en Allemagne, auec Thoré, le renuoya des premiers mener deux mille Reistres à mondit sieur le Duc (qui fut en Septembre 75.) attendant le gros de l'armee qu'il conduiroit par apres; Mais comme il pensoit passer la riuiere pres Baccara ; Mondit sieur de Guise veillant tousiours, en son gouuernement, au deuoir de sa charge, & sachāt que l'entree de ces Reistres seroit grandement preiudiciable au Roy, delibera par tous moyés de leur empescher le passage; ce qu'il feit, ayant deffait & mis en route lesdits Reistres ; contraignant Thoré à rebrousser son chemin vers le Prince; Mais il y fut griefuement blessé d'vn coup de harquebuze en la ioüe senestre.

Peü apres, la Royne mere voyant qu'il seroit bien difficile d'establir si tost vne bonne paix, & que la continue des troubles pourroit causer la totale ruyne du royaume, pour la proximité des estrāgers qui se preparoyent d'y entrer ; ioinct que Monsieur de Guise n'y pouuoit entendre estant fort malade de sa blesseure, elle sa-

I ii

uisa de recercher Monsieur le Duc d'vne tresue generale pour six mois, laquelle apres vn long debat fut accordee à Champigny le 22. de Nouembre dudit an 75. & le 14. de May, 76. l'Edit de paix fut publié au parlement de Paris.

Et peu parauant on accroit l'appannage de Monsieur le Duc d'Anjou, à qui on promet l'assemblee generale des Estats, à Blois, laquelle pour ce on commande estre desmantelee: mais peu de chose y fut arresté, les Princes & Seigneurs Catholiques ne voullans tollerer deux Religions en France: à cause dequoy les troubles recommencerent.

Au mois de Mars, 77. le Duc du Mayenne, Lieutenant general pour le Roy, en l'armee qu'il enuoya en Xaintonge, feit leuer le siege de Mirambeau, & contraignant le Prince de Condé reppasser la Charente se saisit du bourg de S. Sauinien : & en Auril ensuiuant, prend Tonnay-Charente & Roche-fort ; se rendant maistre & seigneur de la Riuiere de Charente, en moins de cinq iours: Puis ayant prins Marans, par vne hardie & asseuree entreprinse il se presente en bataille à vn quart de lieuë des murs de la Rochelle : là où il faulſa vn petit fort dit le Trueil aux filles. Ce fait & ayant laiſſé bonne garniſon dans Marans, il alla faire quelque peu raffraichir ſon armee en Poitou. Et par ce qu'il ne luy reſtoit plus que Broüage à prendre, & les Iſles, dont la Rochelle peuſt auoir ſecours, n'eſtant ſon deſſein de la battre, mais la bloquer par vn ſiege continuel, pour l'affamer ; eſtant aydé de l'armee nauale dont Sanſac auoit la charge, Il delibera d'aller battre & aſſaillir Broüage, laquelle apres tres-grande & longue reſiſtance il contraignit ſe rendre à compoſition. Et cõme il eſtoit preſt d'executer ſon entreprinſe pour le fait de la Rochelle, la paix fut accordee à Poitiers au mois de Septembre de la meſme annee 1578.

En Mars de l'an 80. ledit ſieur Duc de Mayenne, conduiſant vn camp pour le Roy en Dauphiné ; là, non ſans grandes peines & trauaux il remit par force en l'obeiſſance de ſa Maieſté les villes de Beauuais, S. Quentin & la Meure, rendant tout le reſte du pays paiſible, au grand contentement de la nobleſſe.

Durant tout ce temps Monſieur de Guiſe eſtant en ſon Gouuernement de

Champagne & Brie, y prenoit tousiours garde, & auoit l'œil aux entreprinses des Protestans ; lesquels de iour en iour taschoyent de plus en plus, & par tous moyẽs de supplanter la Religion Catholique ; Et sachant que depuis la paix derniere le Prince de Condé, ayant quelques nouuelles intelligences & ligues secretes, en France, estoit allé en Allemagne Capituler auec le Duc Casimir & autres pour leuer de nouuelles forces ; le Roy de Nauarre sollicitant d'autre part la Royne d'Angleterre afin qu'elle leur aydast de deniers pour cét effect ; Il en aduertit incontinent le Roy, lequel il perceut conniuer aucunement auecques eux : Pour ce (comme tres-fidele & tres-affectionné protecteur de la Religion Catholique, ainsi que luy & ses predecesseurs l'ont tousiours fait paroistre) il aduise que tout ainsi que les Heretiques s'estoyent dés le commencement des troubles liguez ensemble afin de ruyner l'Eglise de Dieu, par plus forte raison les Catholiques pouuoyent faire le semblable, pour les en empescher ; & à ce que desormais la France ne fust plus protectrice des Heretiques : & qu'vne seule Religion Catholique y fust entretenuë

Ainsi meu d'vn bon zele & pieté enuers l'Eglise de Dieu il feit vne association & saincte & necessaire de bons & vrais Catholiques, auec l'auctorité mesme du Pape qui en est le chef: pour de toutes leurs forces & moyens eux opposer constamment aux desseins des Heretiques & de leurs fauteurs; remettre la France en son premier lustre & splendeur Catholique, & rendre le Roy paisible possesseur de tout son Royaume. Le conseil secret du Roy (composé de d'Espernon & d'autres de pareille estoffe) na pas trouué ceste ligue bonne; parce que l'heresie ne craint tãt que l'vnion de Catholiques; estant sa ruine propre, & aussi qu'eux mesmes, Heretiques dissimulez, se verroyent en fin & toute leur partialité, bien esloignez de leurs pernicieuses entreprinses, entre autres d'establir vn Roy Heretique en ce Royaume.

Et comme en l'an 84. ce bon Prince fust aduerti que la dissimulation du Roy au fait de la guerre contre lesdits Heretiques pourroit estre cause de supplanter la Religion Catholique, d'autant qu'il y auoit de grands deniers à Mets & en Allemagne que y auoiẽt fait tenir le Roy de Nauarre,

Prince de Condé, d'Espernon & autres leurs complices & alliez, pour faire descendre des forces; S'aidant des moyens de la saincte Ligue, il fait aussi en ce pays leuer autre forces, afin de s'opposer à leurs entreprinses, voire à celles qu'il sembloit que le Roy mesme conspiroit contre son tiltre de Tres-Chrestien; Neantmoins en attendant qu'ils commençassent il ne feit bouger son armee hors du gouuernement de Brie & de Champagne, lequel luy est commis. S'il eust voulu lors, & que ce qu'il faisoit fust pour s'emparer du Royaume, il pouuoit venir à Paris y trouuer le Roy qui n'auoit aucune armee, & auec le peu de deuotion qu'ont ses subiects enuers luy; pour les auoir depuis douze ou treze ans tousiours ráçonnez, & tyrannisez, Monsieur de Guise s'eust peu facilement saisir de sa personne; Mais tant s'en faut il n'y pensa iamais, comme on le veit bien. Car estāt la Royne mere venuë le trouuer à Espernay, elle luy feit entendre que le Roy n'affectionnoit rien plus que d'exterminer les heresies de son Royaume & y mettre le Peuple en repos; & que pour ce faire il auoit auisé de conuoquer tous

les

les Estats, afin d'en deliberer & resoudre. Ceste ouuerture pleut grandement au naturel debonnaire de Monsieur de Guise: il louë Dieu de la saine & saincte intention du Roy, & prie la Royne de l'entretenir en ceste deuotion.

Peu apres elle vient à Nemours où estoit ledit sieur Duc, & là elle luy renouuelle ceste loüable preposition du Roy, adioustant d'auantage qu'il desiroit luy mesme l'esclaircir de tous les doutes qu'il pouuoit auoir que sa Majesté ne voulust entendre à l'extirpation des heresies, & au soulagement & repos du peuple : Ce pendant elle y fait publier vn Edit, comde pacification de trouble.

Le lieu auquel Monsieur de Guise deuoit aller trouuer le Roy fut designé premierement à Fontaine-Bleau, puis à Melun, & en fin ce fut à sainct Maur des fossez. Là sa Maiesté le receut assez courtoisement (au moins en apparence) toutesfois ceux qui voyoyent bien clair, y apperceuoyent quelque simulation. Monsieur de Guise y allant rondement, se fiant en son Roy & ne pouuant croire qu'il eust intelligence auec les ennemis de soy mesme, qui ne desirent sinon sa mort, luy

K

remonstre ouuertement les presages qui menaçoyent en bref la subuersion de l'Eglise & de son Estat. Alors le Roy luy iure & promet, qu'il n'auoit rien de plus cher que d'y donner ordre le plus promptement qu'il luy seroit possible ; & pour ce le prie d'y vouloir aussi tenir la main.

Ceux de la Religion nouuelle harrassans tousiours les Catholiques en quelque endroit, principalement en la Guyenne & au Poitou, le Roy se voullant peu à peu deffaire des Chefs des Catholiques, enuoye Mõsieur de Ioyeuse en ces pays, afin qu'il n'en reuinst, ainsi que la tragedie nous l'a fait voir appertement. Ainsi en a il pensé faire de Monsieur de Mercœur, & en mesme temps de Mõsieur de Guise: Car les aduertissemens que tant de fois il auoit donné au Roy, de la leuee des gents de guerre pour les Huguenots, en Allemagne, venans à paroistre ; le Roy le pensoit aussi faire accabler, auec tous ceux de sa maison tout à vn coup, par ceste armee, premier qu'elle eust passé la Lorraine ou son gouuernement, auquel il luy manda prendre bien garde, & qu'il luy enuoyroit forces & argent, ce qu'il ne feit.

Monsieur de Guise toutesfois ne penfant à telle trahifon, finon, y allant (comme on dit) à la franche marguerite, auoit volonté de deliurer le Royaume de cefte vermine d'eftrangers, empefchant totallement leur deffein, qui eftoit d'y planter vniuerfellement leur Religion nouuelle.

Il leur donne toutes les fecouffes qu'il luy eft poffible, & en fin auec tant peu de gents qu'il auoit, il met miraculeufement en pieces, & en fuitte le refte de cefte armee, montant à plus de quarante mil hômes. Mais comme il n'y a iamais trahifon qu'on n'en perçoiue en fin quelque chofe, la caufe pour laquelle le Roy par fon d'Efpernou feit reconduire le peu de refte de cefte grande trouppe fuiarde, leur faifant prefents & bancquets, en a bien fait congnoiftre la verité.

Il eft impoffible que la France ny le Roy mefmes euffent iamais peu rendre à ce Magnanime Duc graces condignes de tel bon office; car, fans doute, n'euft efté cét exploict d'Auneau, le Roy de Nauarre euft en fin happé, s'il euft peu, la couronne, & les Catholiques euffent eu grâdement à fouffrir: ioinct que la deftructiô qu'euft fait par tout cefte truâdaille d'Allemagne, apres tant de cheretez de viures en ce Royaume, eust esté non rengreger la maladie au patient, ains le suffoquer & luy donner la mort.

Au retour de la deffaite d'Auneau & de ce qui s'estoit ensuiuy depuis, Monsieur de Guise apres tant de peines & trauaux s'en retourna quelque peu raffraichir en son Gouuernement: & comme (auec les Princes Catholiques vnis ensemble pour la deffense & restablissement de l'Eglise & Religion Catholique en cet estat) il n'estimoit rien estre plus necessaire que de passer en Guyenne & y assouurir de tous poincts la guerre encommencee contre les Heretiques; d'Espernon ne craignât rien tant sinon celà, fait tout à propos naistre quelques difficultez legeres, pour faire inutilement cōsumer le temps plus propre & commode à la guerre: & que les Princes ne passassent en Guyenne. Et non content de cet artifice il aduise auec le Roy de faire pendre & executer à mort six vingts des plus notables personnages & plus affectionnez Catholiques de Paris, soubs couleur de dire qu'ils estoyent perturbateurs du repos d'icelle & s'entendoyent auec Monsieur de Guise pour la saccager & perdre: Et à ceste occasion ils donnent ordre de faire entrer dedans ladite ville, quatre mille Suisses & quinze Enseignes de gents de pied, au mesme temps que l'on voudroit mettre la main sur lesdits personnages; afin que si le peuple (voyãt trainer au supplice ses peres, freres, enfans, parens & amis sans aucune forme de Iustice) ne se pouuoit tenir és bornes de la patience, la force demeurast aux executeurs des passions du Roy & de d'Espernon: Et cependant ils font publier soubs main que Mõsieur de Guise tasche d'enuahir l'estat; que sa Majesté se doit garder de luy; qu'il veut faire vn massacre à Paris, & donner le sac & pillage de la ville aux siens: afin que mondit sieur de Guise ne s'approchast pres de sa Majesté, & n'empeschast ladite execution; laquelle se deuoit non seulement faire à Paris, mais au mesme temps en plusieurs autres villes de ce Royaume. Dont aduerti Monsieur de Guise, afin de retrancher, par la verité, le cours de tels mensonges, il vient auec huict Gentils-hommes seulement trouuer le Roy dedans Paris, se soubsmettant du tout en sa puissance, pour l'asseuree confiance qu'il auoit non seulement des signalez

k iij

services qu'il a faits à sa Majesté, mais principalemēt de la sincere & droite affection qu'il auoit aussi portee & portoit à son seruice. Et Dieu voulut que le iour auquel Monsieur de Guise arriua dans Paris c'estoit le iour mesme que se deuoit faire l'executiō: mais estant retardee à cause de sa venuë inopinee, fut differee à vn autre iour, pour enuelopper luy & les siens auec les autres, & que sa mort & massacre accompagnast leur supplice. Et ainsi le 12. de May, de grand matin, ils firent entrer lesdits Suisses & soldats par la porte de sainct Honnoré, lesquels aussi tost se saisirent des places, comme il leur estoit commandé: Neantmoins celà ne se peut si tost faire que ledit sieur de Guise n'en fust aduerti (lequel estoit dormant en son logis en toute seureté) par quelques vns de ses amis; & lors tout le peuple vnanimement conspirans les vns auec les autres à leur salut, & ne plus ne moins que si la presence de Monsieur de Guise les eust desia tous asseurez d'estre hors de peril, Courent aux armes, reçoiuent l'ordre & le commandement qu'il leur est enuoyé, dressent des barricades allencontre desdits Suisses & soldats, pour empescher, seulement, vn dessein tant mal-heureux. Aduint qu'vn Suisse sur la contestation qu'il eut auec vn habitant le blessa, qui fut cause que les autres habitans chargent lesdits Suisses & en tuent quelques vns, desarment le reste & font mettre les armes bas aux autres soldats François : Et lors Monsieur de Guise sortant de son logis, bien à propos, empescha que les habitans ne missent en pieces tous lesdits Suisses & soldats, & feit en sorte qu'il n'y eut aucun meurtre ou pillerie; remerciant Dieu qu'il auoit peu donner vn clair tesmoignage de son integrité & de la sincerité de sa foy enuers le Roy, à la grand honte & confusion de ses ennemis, & du mensonge qu'vn peu auparauant ils auoyent inuenté contre luy, d'autant qu'au lieu d'appeter le sac d'vne si riche & opulente ville que Paris, Dieu luy auoit fait ceste grace de s'estre seruy de luy pour empescher qu'elle ne fust saccagee, & la vie ostee aux plus notables habitans d'icelle.

Le Roy estant au Louure s'en alla vingt & quatre heures apres, mal-côtent de n'auoir peu executer sa cruauté; le partement duquel Monsieur de Guise eust bien empesché s'il eust voulu; mais tant s'en faut qu'il n'y songea iamais, ains le laissa acheminer libremét là où il luy pleust, accompagné de ceux qu'il voulut emmener, sans en arrester aucun d'iceux; combien qu'il fust en sa puissance de les retenir tous.

Voilà vne partie des seruices & bons offices faits par Messieurs de Guise aux Roys François, premier, Henry, 2. François, 2. Charles, 9. à & Henry de Valois: Venōs maintenant à la rescompense que ce tyran pour luy & les siens, a fait aussi pour luy & les siens à Henry de Lorraine, Duc de Guise, & au Cardinal de Guise son frere, personne sacree & dediee à Dieu.

Depuis le susdit partement, affin d'estouffer soubs l'asseurance du repos & de l'ordre le feu de diuision qui se pourroit s'allumer parmy le peuple en vne si grande ville, si quelque occasion de ce faire demeuroit encores en estre, Monsieur de Guise receut en ses mains l'Arcenal, la Bastille & lieux forts de ladite ville, & feit sceller les coffres des finances pour remettre & cōsigner le tout en la puissance de sa Majesté quand il luy plairoit: desirant en tout faire congnoistre au Roy qu'il n'a iamais eu la moindre des mauuaises intentions

tions dont ses ennemis l'ont voulu rendre odieux à vn chacun : ce que plus amplement il luy fait entendre par les lettres qu'il luy escriuit incontinent.

Le Roy s'estant acheminé à Chartres, de là à Rouan, puis apres à Blois, faisant entendre par tout son grand desir de faire tenir les Estats, ainsi qu'il auoit esté ordonné par son Conseil, afin de remettre chasque chose en son ordre, & que de là resultast l'extirpation des heresies & le repos de son peuple; Il mande au Duc de Guise, son cousin & bon amy (comme il disoit) de s'y trouuer, afin de voir comme sa Majesté y procederoit, & luy donner côseil en ce qu'il verroit estre bon à tel affaire. Le Duc de Guise ioyeux de la bonne volonté du Roy, obeït bien tost à son cômandement, & auecques peu de train le va trouuer estant encores à Chartres : où de premier abbord il est bié venu du Roy, auec vn visage riant, & vne façon qui sentoit son humaine douceur & amitié; luy promettant sur la foy que de sa part, des siens, ny de son sceu il n'auroit aucun mal ny desplaisir, ains à tousiours le conserueroit en ses estats & dignitez qu'il deliberoit mesmes d'accroistre, comme à son bon amy, cousin & allié; Et de là Monsieur de Guise l'accompagne iusques à Blois, où se deuoyent tenir les Estats; Et se fiant sur la parole d'vn Roy, demeure là sans aucun souspeçon pres sa Majesté. Les Estats peu apres s'y commencent; où pour la premiere harangue sa Majesté proteste de conseruer inuiolablement la loy Catholique, punir les Heretiques & soulager son peuple foulé par longues annees. Et certain temps apres pour mieux paruenir à la trahison qu'il auoit conspiree, par auctorité desdits Estats il declare le Roy de Nauarre criminel de leze Majesté Diuine & humaine, & inhabile de succeder à la couronne de France, pour les causes assez notoires à vn chacun. Du depuis il fait tousiours tenir lesdits Estats en longueur, brassant & machinãt par secretes menees le moyen de destruire & exterminer toute la maison de Guise, & semblablement tous les parens, alliez & confederez d'icelle: parce qu'ils s'estoyent liguez pour la deffence de la Religion Catholique, & le soulagement du pauure peuple rançonné outrageusement: laquelle Religion Catholique le Roy par ses intelligences auec le Roy de Nauarre & auec autres estrangers auoit de long temps deliberé ruyner & amortir en France; mesmes ayant arraché la laine de ses subiets, les escorcher encores apres, sachant qu'il ne pouuoit auoir lignee, & qu'il ne se soucioit que deuinst le reste quand il seroit mort: proposition veritablement digne d'vn Epicurien ou Machiaueliste

Et comme il eust resolu entierement d'executer ceste d'amnable volonté, il aduint que la veille de sainct Thomas, deux iours parauant la mort de Monsieur de Guise; Messieurs de Bois-dauphin & Brissac & plusieurs de la Ligue eurēt quelque aduertissement que l'on en vouloit à la Ligue, specialement à aucuns des principaux Deputez; afin d'interrompre le cours des Estats, lesquels le Roy & tous les siens ne desiroyēt sortir leur effect ainsi qu'ils estoyent commēcez: de sorte qu'ils furent en armes toute la nuict, tellement que le lendemain matin y eut vne grande rumeur par le Chasteau, à cause de l'allarme qu'ils auoyent euë. Ce qui occasionna Monsieur de Guise auec les rapports qui luy furent faits, de dire au Roy qu'il auoit eu aduertissement qu'il luy vouloit mal,

ainsi qu'il luy auoit dit quelques autresfois
auparauant. Et lors le Roy luy respondit:
Mon Cousin, croyez-vous que i'aye l'ame
si meschante que de vous vouloir mal? Au
côtraire ie vous declare qu'il n'y a personne en mon Royaume que i'ayme mieux
que vous, ny a qui aussi ie sois plus tenu,
comme ie le feray paroistre par bons effects auant qu'il soit peu (ô quels effects!
pour vn Roy qui se dit tres-chrestien.)
Asseurant ce qu'il disoit auec beaucoup de
sermens, & sur la receptiõ du corps de no-
stre Seigneur qu'il deuoit receuoir ce mesme iour ce qu'il feit. Voilà biẽ cacheté vne
trahison auec vne cire du corps de Iesus-
Christ! Ce qui fut cause que ledit sieur de
Guise ne se vouluſt arrester d'auantage
pour descouurir la verité des rapports qui
luy auoyent esté faits; & que ce iour mesme de sainct Thomas, au soir, Monsieur
le Cardinal de Guise l'asseurât qu'il auoit
sceu de bonne part que le Roy luy feroit
vn mauuais office, Il luy feit responſe que
c'estoyent de ses comptes ordinaires, &
qu'il ne se pouuoit persuader que le Roy
eust l'ame si meschante que de luy vouloir
faire desplaisir; veu qu'il ne luy en auoit
iamais donné occasiõ. La nuict dudit iour

de sainct Thomas il entra grand nombre de cheuaux dedans la ville, tant à la deuotion du Roy, que de ceux de sa faction, pour tousiours se fortifier. Le vendredy au matin le Roy feit amener son carroce au Chasteau, feignant qu'il s'en vouloit aller promener, & mãda Mõsieur de Guise, luy faisant entendre qu'il auoit quelque chose de consequence à luy communiquer. Il feit de mesme allendroit de Monsieur le Cardinal de Guise : tellement que ledit sieur Duc de Guise arriuãt le premier (par ce qu'il estoit logé dans le Chasteau) pour aller trouuer le Roy en son Cabinet, à la façon accoustumee, il laissa tous les Seigneurs & Gentils-hommes ordinaires de sa suite dedans l'antichambre ; Et comme il fust dans le porche, entre ladite antichãbre & ledit Cabinet, il trouua (contre l'accoustumé) quatre des Quarante-cinq, satallites du Roy à gages, dans ledit porche; lesquels il commença à cõsiderer : toutesfois ne se doutant d'aucune trahison il s'auança pour entrer audit Cabinet, duquel l'vn desdits Quarante-cinq leua la tapisserie, où ledit Sieur rencontra encores trois autres desdits Quarante-cinq à son opposite à la porte dudit Cabinet. Et lors tous ensemblémēt se ietterent sur luy, l'vn luy saisissant son espee, les autres le frappās de diuers coups de poignards : Et le premier qui le frappa fut la Bastide, d'vn coup à la nuque du col; vn autre pardeuant dans la gorge (pour le doubte qu'ils auoyent qu'il ne fust couuert) autres deux de chacun vn coup dans le dos, & encores autres deux dans l'estomach : cause qu'en mesme instant ledit sieur de Guise tomba par terre, ainsi que vous le voyez cy pourtrait en la page suiuante. Et en tombant s'escria haut, de sorte qu'il fut ouy par tout le Chasteau, disant : O dieu, est-ce pour mes pechez! Incontinent lesdits Quarante-cinq luy osterent son espee, ses pendant d'oreille & anneaux fort precieux qu'il auoit aux doigs : Et aussi tost le Roy qui estoit dans son cabinet, auec Loignac, ayans chacun l'espee nuë, sortirēt; & adonc le Roy poussa ledit sieur de Guise auec le pied, pour sçauoir s'il estoit du tout mort.

Au mesme instant Monsieur le Cardinal de Guise qui estoit logé hors du Chasteau, à cause qu'il n'estoit là comme Prince, ains cōme presidēt aux Estats, entra audit Chasteau; & alors on cria l'allarme, de sorte que les portes du Chasteau furēt fer-

REPRESENTATION DE LA CRVELLE ET BARBARE Recompense, pour tant de bons offices qu'ont fait ce magnanime Duc & ses Predecesseurs à la Couronne de France : par vn Henri de Valois.

mees; toutes les gardes courans çà & là, auec les armes. Le Mareschal d'Aumont assisté de plusieurs d'iceux vint au deuant dudit sieur Cardinal, luy disant qu'il le faisoit prisonnier du Roy, & q̃ s'il brãsloit qu'il le tueroit; & le conduisit de ce pas au Roy: lequel luy mõstrãt ledit sieur de Guise mort estẽdu sur la place, luy dit qu'il luy en pendoit autant deuant les yeux. Adonc Monsieur le Cardinal luy respõdit, Qu'il ne desiroit viure d'auãtage, son frere estãt ainsi mal-heureusement assassiné, & que c'estoit mal recõgnoistre les seruices signalez qu'il auoit fait à la Couronne: Et aussi tost il fut mené prisonnier en vne chãbre dudit Chasteau, auec gardes: Cependant l'allarme sõna à la grãde Eglise de la court dudit Chasteau. Monsieur le Cardinal de Bourbon fut mené deuant le Roy, qui s'appella Marotte, Vieil fol & Sotte-teste, & luy monstrant aussi ledit sieur de Guise mort, luy dit: N'estoit vostre vieil aage ie vous en ferois faire autãt, encores ne sçay-ie ce que ie feray; vous voullez estre la sẽ-3de personne en mõ Royaume; vous le meritez fort bien; ie vous feray si petit que rien plus; & l'enuoya aussi prisonnier en sa chambre, auecques gardes. Le Roy alla trouuer la Royne, sa mere, à laquelle il dit assez rudemét ; Madame, maintenāt ie suis seul Roy, i'auois vn compediteur en mō royaume qui est mort. La Royne luy respondit : Sire, Dieu vueille que vo' ne vous repentiez point de ce que vous auez fait. Alors il repliqua : Madame, I'y ay si bien pourueu que ie ne m'en scaurois repentir ; estimant ainsi qu'il en auoit donné charge que Messieurs du Mayenne & d'Aumale fussent semblablemét tuez ; & que Orleās d'eust estre incontinent à sa deuotion, cōme d'Antragues le luy promettoit, & aussi qu'il estoit asseuré par les Comtes de Soissons, Mareschal de Rets, Rambouillet, Do, Daumont, Larchant & plusieurs autres que ces Prīces estās morts, Messieurs de Paris ne feroyent sinon sa volonté, à l'exemple desquels se cōformét ceux des autres villes. Mōsieur de Ioinuille qui estoit à la chambre de Monsieur le Grand-prieur, oyant crier l'allarme, se doutant ce que ce pouuoit estre, commença à deualler les degreds du Chasteau, en mettant l'espee au poing, disant ; Ie voy bien que c'est à ce coup qu'il faut mourir. Mais aussi tost il rencōtra sur lesdits degrez sept ou huict Archers qui luy presen-

M

terent les hallebardes, & auffi toft fut faifi par derriere par ledit fieur Grand-prieur & remené en fa chambre, prifonnier entre les mains defdites gardes ; lefquels luy faifoyent entendre que fon pere, ny pas vn autre auoyent aucun mal : trop bien qu'ils eftoyent arreftez & auoyent gardes en leurs chambres, comme luy ; & ce pour euiter qu'il ne furuinft quelque fedition, à caufe que le Roy f'eftoit faifi des perfonnes des Preuoft des marchans & Efcheuins de Paris, lefquels il vouloit faire punir, pour quelques offëces qu'ils auoyët commis allencontre de luy : Et par ainfi ledit fieur de Ioinuille demeura huict iours fans fçauoir la mort de fon pere.

Monfieur de Nemours & Monfieur d'Elbeuf, logez audict Chafteau, furent auffi arreftez ; comme Monfieur l'Archeuefque de Lyon, Péricard, & vne infinitez d'autres eftans de la fuite dudit fieur de Guife. Quant aufdits fieurs de Nemours & d'Elbeuf, ils lamentoyent fort la mort de Monfieur de Guife, fe plaignans appertement & hautement des trahifons, perfidies, cruautez & inhumanitez barbares du Roy. Et comme à quelque heure de là le Roy leur mandaft qu'ils euffent à se taire & qu'il leur donnoit la vie sauue; Ils firent responce que le plus grand desplaisir que le Roy leur pouuoit faire, c'estoit de les laisser viure apres la mort dudit sieur de Guise, & que si iamais ils sortoyent ils se vengeroyët de telle trahison: Tellement que le Roy manda, en particulier, ledit sieur de Nemours en son cabinet, & luy dit; Nemours, Ie vous dõne la vie: Mais ledit sieur de Nemours luy fit la mesme responce qu'il auoit fait auparauant, Que le plus grád desplaisir qu'il luy eust sceu faire, c'estoit de le laisser viure, & qu'il n'auoit point eu d'occasiõ de traitter si inhumainement son frere, luy ayant mis & maintenu la couronne sur la teste. A lors le Roy luy dit qu'il estoit vn causeur, & que puis qu'il vouloit mourir, qu'on le feroit mourir, & le renuoya auecques ses gardes.

Cependant le Preuost de l'hostel, assisté de ses Archers, s'en alla à l'hostel de ville, en plaine assemblee du tiers Estat, se saisir des personnes de Messieurs le President de Nully, Preuost des Marchans, Compan & cotteblache, Escheuins & deputez de la ville de Paris; du President d'Amiens, deputé de ladite ville, & quel-

M ij

ques autres dont il auoit vne liste, qui fut cause que le reste des deputez estans là furent infiniment estonnez; les vns prests à se ietter par les fenestres. Et encores que le Preuost de l'hostel leur dist qu'il auoit charge du Roy de leur commander qu'ils ne bougeassent de là, & qu'ils trauaillassét à leurs cayers, Ils ne laisserent si tost qu'il fut party à s'enfuir qui çà, qui là, les vns se cachans iusques aux caues & les autres s'éfuyans: de façon qu'il y en eut plusieurs qui allerent auec leurs grandes robbes de taffetas iusques à Orleans, Baugency & autres lieux, à trauers les boües; par ce que ce iour là il ne cessa de plouuoir si habondamment en ladite ville de Blois, qu'il sembloit estre vn second deluge, & toutesfois (chose admirable) à deux lieuës de là, & presque par tout ailleurs, il negea & gella bien fort.

Larchant auec ses autres Archers alla aussi au Palais, & là il se saisit des personnes de Messieurs de Brissac & Boisdauphin, de quelques autres de la Noblesse, aussi en plaine assemblee dudit Estat.

Durant ce temps, les gardes logees aux faulxbourgs, qui auoyent le signal du toxin, entrerent dedans la ville, tous en armes, & se rendirent maistres des portes: aucuns desquels furent posez en sentinelles & corps de gardes en divers quartiers de la ville; les vns par le Mareschal d'Aumont, les autres par Larchant, autres par Renty, autres par Montigny.

Aussi fut enuoyee garnison au logis du Preuost des Marchans, & furent tous ses papiers saisis: de mesme fut fait chez Mōsieur Pericard, où furent trouuez tous les papiers & chiffres de Monsieur de Guise.

Semblablement fut enuoyee garnisō & se saisir de tous les meubles de Messieurs de Guise & du Cardinal, son frere; lesquels depuis le Roy a fait vendre & en a pris les deniers.

Tous les chefs estans ainsi arrestez, encores qu'il y eust plusieurs personnes affectionnes à la Ligue; comme aussi vne bōne partie des habitans de la ville, Il ne fut possible que ceux de la Ligue, estans ainsi surprins, peussent faire aucune assēblee pour resister, comme ils en auoient la volonté: & ceux qui eurent moyen de sortir si tost qu'ils ouyrent l'allarme, se mōterēt sur plusieurs cheuaux qui estoiēt au faulx-bourgs, & s'en allerent promptement, la pluspart dans Orleans.

M iij

Mõsieur le Chevalier Breton fut le premier qui en porta les nouuelles, pour autant que ce iour il deuoit partir, pour s'en venir à Paris; & lors que l'on cria l'allarme il ne faisoit que de prendre congé de Monsieur de Guise, en sorte que comme l'on ferma les portes du Chasteau il en sortoit seulement: & ayãt trouué son cheual, l'attendãt au pied des degrez, il monta & feit diligence pour aduertir ceux d'Orleans: qui fut cause que d'Antragues & Dunes, accompagnez de vingt & cinq ou trente cheuaux, qui auoyent promis de mettre aussi tost la ville à la deuotion du Roy, voulans sortir & faire diligence pour aller audit Orleans, & à demie lieuë de là estãs aduertis que ledit sieur Cheualier couroit auant eux, Ils changerent de dessein & retournerent trouuer le Roy, pour luy dire qu'ils ne pouuoyent estre les premiers à Orleans, & qu'il n'y falloit plus aller qu'auec des forces; s'asseurans que ceux dudit Orleans se seroyent mis en armes.

Peu apres le Roy feit sonner à son de trõpe, & par deux fois, que aucun des Deputez & autres desdits Estats ne fussent si ausez de s'en aller qu'ils ne fussent paracheuez; ains qu'ils eussent à les continuer, en peine à ceux qui s'en yroyẽt d'estre declarez criminez de leze Majesté, & punis comme tels.

Ce iour mesme le Roy remit en liberté lesdits sieurs de Brissac & Boisdauphin, apres leur auoir fait iurer de ne porter iamais les armes pour la ligue.

Le l'endemain à 9. heures du matin le Roy feit signer à Monsieur le Cardinal de Guise vn certain papier, & enuiron sur les dix heures, ce pendãt qu'il alloit à la Messe, il commanda aux Quarante-cinq assassinateurs, d'aller tuer ledit sieur Cardinal; A quoy ils respondirẽt qu'il estoit personne sacree, & prierent le Roy de les en excuser, veu qu'ils auoient fait sa volonté le iour auparauant. A cause duquel reffuz, le commandement fut baillé par sadite Majesté au Capitaine le Gad, qui enuoya six ou sept de ses soldats pour faire ce massacre; lesquels aussi tost s'en allerent trouuer ledit sieur Cardinal, auquel ils dirẽt qu'ils auoyent charge de le tuer: Et alors Monsieur le Cardinal leur demanda vn peu de temps pour penser à sa consciẽce, ce qu'ils luy accorderent. Et eux estans à la porte de la chambre, ledit sieur Cardinal se mit à l'vn des bouts à genoux, faisant ses prieres; desquelles il estoit souuent interrompu, à cause que lesdits soldats ne vouloyēt auoir tant de patience: Et en fin Monsieur le Cardinal se leuant, & mettant son bras deuant ses yeux, il leur dit qu'ils feissent la volonté du Roy; Et à l'instant coururent vers luy, & luy baillerent plusieurs coups de hallebardes, desquels il tomba mort.

Madame de Nemours alloit souuent se ietter aux pieds du Roy & de la Royne mere, afin qu'on luy donnast les corps morts de ses enfās pour les faire inhumer; mais elle ne peut obtenir ce qu'elle demādoit: & au contraire de là à quelques iours le Roy les a fait brusler & consommer en cendres.

Ce sont là les cruautez du dernier des Vallois, executees sur les pilliers de l'Eglise, pour remuneration de leurs fideles seruices: Ce que Dieu, qui hayt sur tout l'hommicide, ne laissera impuny, amortissant les conspirations faites contre son Eglise & les Catholiques de ce Royaume.

F I N.

www.ingramcontent.com/pod-product-compliance
Lightning Source LLC
LaVergne TN
LVHW050635090426
835512LV00007B/862